El álbum del bebé

I0892199

Grupo ROBIN BOOK
Barcelona - México
Buenos Aires

El álbum del bebé

ROBIN BOOK

Diseño de cubierta e interior: Elisenda Galindo para Cifra

Ilustraciones de cubierta e interior: iStockphoto

ISBN: 978-84-9917-122-7

Depósito legal: B-22.232-2011

Impreso por LITOGAMA, Costa Brava, 12, Polig. Industrial del Besós,
08030 - Barcelona

Impreso en España - *Printed in Spain*

Pega una foto de tu bebé aquí

"Escucha el canto
de los pájaros
junto a tu ventana,
te enseñarán
a despertar
cada mañana con
una canción
en tu corazón."

Me llamo:

....

....

....

Este libro
ha sido escrito
con amor por:

....

....

....

Naciste el día:

....

Del mes de:

....

Del año:

....

Tu horóscopo dice que naciste bajo el signo:

....

De la ciudad de:

....

En la clínica:

....

A la hora:

....

Pesaste:

....

Y mediste:

....

En el momento de nacer pensé que te parecías a:

....

(Foto de bebé con mamá / Foto de bebé con papá)

Mi domicilio es:

....

....

En la ciudad de:

....

....

Llegaste a casa el día:

....

....

Tu habitación la pintamos de color:

....

....

Y la decoramos con motivos:

....

....

Los peluches que te acompañaban en tu cuna eran:

....

....

(Pega una foto aquí)

Mi MAMÁ se llama:

....

Nació en:

....

Su cumpleaños es:

....

Su signo zodiacal es:

....

Mi PAPÁ se llama:

....

Nació en:

....

Su cumpleaños es:

....

Su signo zodiacal es:

....

(Pega una foto con mamá aquí)

Galerías del alma... ¡El alma niña!
Su clara luz risueña;
y la pequeña historia,
y la alegría de la vida nueva...
¡Ah, volver a nacer, y andar camino,
ya recobrada la perdida senda!
Y volver a sentir en nuestra mano
aquel latido de la mano buena
de nuestra madre... Y caminar en sueños
por amor de la mano que nos guía.

Antonio Machado

Pega una foto aquí

En seguida mostraste los siguientes rasgos de personalidad:

Creo que serás así cuando seas un adolescente:

Y así espero que seas cuando te conviertas en un adulto:

TU SIGNO ZODIACAL ES:

○ Capricornio (22 diciembre – 20 enero): constante, meticuloso, ambicioso, responsable.

○ Acuario (21 enero – 18 febrero): imaginativo, alegre, idealista, abierto.

○ Piscis (19 febrero – 19 marzo): sensible, soñador, complicado, compasivo.

○ Aries (20 marzo – 20 abril): espontáneo, original, líder, seguro de sí mismo.

○ Tauro (21 abril – 21 mayo): perspicaz, observador, equilibrado, decidido.

○ Géminis (22 mayo – 21 junio): aventurero, sociable, rápido de pensamiento.

○ Cáncer (22 junio – 22 julio): protector, compasivo, persuasivo, expresivo.

○ Leo (23 julio – 23 agosto): ambicioso, de buen corazón, fuerte, leal.

○ Virgo (24 agosto – 23 septiembre): exigente, ingenioso, minucioso, analítico.

○ Libra (24 septiembre – 23 octubre): encantador, jovial, de convicciones profundas.

○ Escorpión (24 octubre – 22 noviembre): dinámico, apasionado, perspicaz, serio.

○ Sagitario (23 noviembre – 21 diciembre): expansivo, optimista, con un gran sentido ético.

Recibe cada
nuevo día
sabiendo que
eres tan joven
como tus esperanzas
y tan viejo
como tus miedos

(Pega una foto aquí)

"Cada niño, al nacer, llega con el
mensaje de que Dios no ha perdido
aún la esperanza en el hombre."

Rabindranath Tagore

"Educad a los niños y no será
necesario castigar a los hombres."

Pitágoras de Samos

Pega una foto aquí

La primera vez
que me bañaste fue:

Mi juguete favorito
en el baño es:

Me voy a dormir a las:

....

....

....

Me despierto a las:

....

....

....

Mi canción favorita
para irme a dormir es:

....

....

....

El cuento que más me gusta
que me lean es:

....

....

....

....

CÁNTALE ESTA CANCIÓN:

Cinco lobitos tuvo la loba
cinco lobitos detrás de la escoba
Cinco que tuvo cinco criaba
y a todos los cinco la leche les daba.

Cinco lobitos tiene la loba
cinco lobitos detrás de una escoba
cinco lobitos tiene la loba
juegan y se esconden detrás de su cola.

Lo que te hace reír:

Lo que te disgusta:

Un lugar al que te gusta ir:

Tus primeros
amigos del parque:

(Pega una foto aquí)

La primera vez que levantaste la cabeza:

....

La primera vez que diste una palmada:

....

La primera vez que sonreíste:

....

La primera vez que te diste la vuelta:

....

La primera vez que te sentaste:

....

La primera vez que gateaste:

....

La primera vez que saludaste con la mano:

....

La primera vez que cogiste el biberón:

....

La primera vez que comiste algo sólido:

....

Bienvenido (español)

Benvingut (catalán)

Benvido (gallego)

Ongi etorria (euskera)

Welcome (inglés)

Willkommen (alemán)

Benvenuto (italiano)

Bienvenu (francés)

Bem-vindo (portugués)

Welkom (holandés)

Kalosorisate (griego)

Marhaban (árabe)

Dobre Doshyl (búlgaro)

Vitejte (checo)

Bati (filipino)

Shalom (hebreo)

Yokoso (japonés)

Witamy (polaco)

Npuem (ruso)

Karsilama (turco)

Shou huaying de (mandarín)

El nombre de mi médico es:

....

....

Vacunas – Fecha:

....

....

Edad – Peso – Altura:

*1 mes..

*2 meses..

*3 meses..

*4 meses..

*5 meses..

*6 meses..

*7 meses..

*8 meses..

*9 meses..

*10 meses..

*11 meses..

*12 meses..

Pega una foto aquí

Duérmete, mi niño,
duérmete sonriendo,
que es la ronda de los astros
quien te va meciendo.

Gozaste de la luz
y fuiste feliz.
Todo bien tuviste
al tenerme a mí.

Duérmete, mi niño,
duérmete sonriendo,
que es la Tierra amante
quien te va meciendo.

Miraste la ardiente
rosa carmesí.
Estrechaste al mundo:
me estrechaste a mí.

Duérmete, mi niño,
duérmete sonriendo,
que es Dios en la sombra
el que va meciendo.

"Me tuviste"
de Gabriela Mistral

Mi primera salida al parque fue:

Mi primera salida al zoo fue:

La primera vez que me bañé en el mar fue:

Mi primer viaje en autobús fue:

Mi primer viaje en coche fue:

La primera vez que toqué la nieve fue:

Pega una foto aquí

"Una madre entiende
lo que su hijo NO DICE."

"La vida de un niño
es como UN TROZO DE PAPEL
sobre el cual todo el que pasa
deja una huella."

Fotos

Fotos

El color de los
ojos de mi padre es:

....
....
....
....
....
....

El color de los
ojos de mi madre es:

....
....
....
....
....
....

Tus ojos son
de color:

....
....
....
....
....
....

El color del
pelo de mi padre es:

El color del
pelo de mi madre es:

Tú tienes el
pelo de color:

Mis dientes

Fecha de salida de los dientes superiores:

....

....

Fecha de salida de los dientes inferiores:

....

....

Mapa de los dientes:

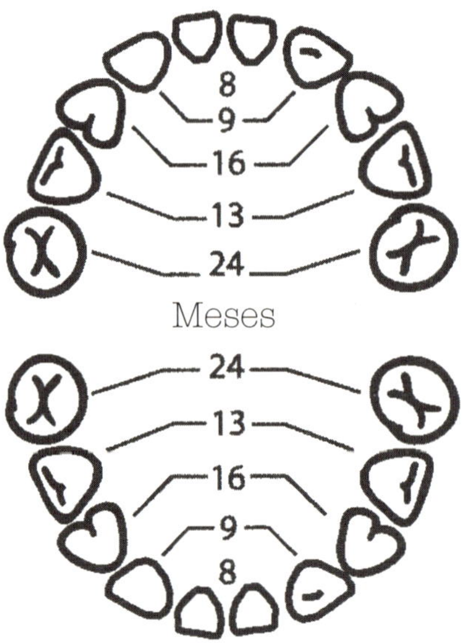

milk

Mi primer alimento sólido fue:

....

....

Me gustan mucho:

....

....

En cambio aborrezco:

....

....

La primera vez que pude sostener la cuchara fue:

....

....

He aquí una lista
con mis juguetes favoritos:

....
....
....
....
....
....
....
....
....
....
....

Y estos son
mis muñecos preferidos:

....
....
....
....
....
....
....
....
....
....
....
....

La primera vez que dije **mamá:**

....

....

La primera vez que dije **papá:**

....

....

La primera **palabra** que dije:

....

....

Me gustan
los libros de:

- ◯ Animales
- ◯ Colores
- ◯ Letras
- ◯ Números

Catalán: **Mare/Pare**

Euskera: **Ama/Aita**

Gallego: **Mai/Pai**

Francés: **Mere/Papa**

Alemán: **Mutter/Vader**

Bengalí: **Maa/Baba**

Hindú: **Maa-ji/Pita-ji**

Urdu: **Ammee/Abbu**

Inglés: **Mom, Mother/Father, Dad**

Italiano: **Madre/Babbo**

Portugués: **Mãe/Pai**

Albanés: **Mëmë; Nënë /Baba, Atë**

Checo: **Abatyse/Táta, Otec**

Estonio: **Ema/Isa**

Griego: **Màna/Ciúri**

Indonesio: **Induk, Ibu/Bapa, Ayah, Pak**

Pega una foto aquí

"El mejor
olor, el del pan;
el mejor sabor, el de
la sal; el mejor amor,
el de los niños."

Graham Greene

"Creo
que veo algo más
profundo, más infinito,
más eterno que el océano en
la expresión de los ojos de un
bebé cuando se despierta por
la mañana y se ríe porque ve
el sol cuando resplandece
en su cuna."

Vincent van Gogh

“Un nuevo
bebé es como el
principio de todas
las cosas. Maravilla,
esperanza, un sueño de
posibilidades infinitas.”

Mary
Wollstonecraft

(Pega una foto aquí)

CÁNTALE ESTA CANCIÓN

Estaba el señor Don Gato
sentadito en su tejado
marramiau, miau, miau,
sentadito en su tejado.
Ha recibido una carta
por si quiere ser casado,
marramiau, miau, miau, miau,
por si quiere ser casado.

Con una gatita blanca
sobrina de un gato pardo,
marramiau, miau, miau, miau,
sobrina de un gato pardo.

El gato por ir a verla
se ha caído del tejado,
marramiau, miau, miau, miau,
se ha caído del tejado.

Se ha roto seis costillas
el espinazo y el rabo,
marramiau, miau, miau, miau,
el espinazo y el rabo.

Ya lo llevan a enterrar
por la calle del pescado,
marramiau, miau, miau, miau,
por la calle del pescado.

Al olor de las sardinas
el gato ha resucitado,
marramiau, miau, miau, miau,
el gato ha resucitado.

Por eso dice la gente
siete vidas tiene un gato,
marramiau, miau, miau, miau,
siete vidas tiene un gato.

Momentos especiales:

(Pega unas fotos aquí)

Pensamientos finales:

El hecho de ser padre/madre me hace pensar en:

....

....

Creo que ser un buen padre / una buena madre significa:

....

....

Lo que más me ha sorprendido por el hecho de ser padre / madre es:

....

....

El mejor consejo que me dieron fue:

....

....

El aspecto más difícil de ser padre / madre es:

....

....

Y el pensamiento más importante que quiero compartir contigo es:

....

....

Pega una foto aquí

Pega una foto aquí

Pega una foto aquí